Découvrir Nice, Capitale de la Côte d'Azur

Bernard JULIEN

A la découverte de Nissa la Bella, Discover Nice, Scopri Nizza, Entdecken sie Nizza

La Côte d'Azur doit son appellation à la suite de la parution du livre de Stephen Liegeard en 1887 dont c'était le titre et Nice en est devenue la Capitale. Afin de vous faciliter votre découverte de cette belle ville ensoleillée, voici un petit ouvrage qui vous aidera à découvrir les principaux attraits de ce joyau situé dans la baie des anges, mondialement connu pour sa promenade des anglais. Baignée par le soleil et protégée des vents par son amphithéâtre de collines, Nice est une ville appréciée pour la douceur de son climat. A Nice, près de 350 000 habitants et 5 millions de visiteurs annuels vivent les pieds dans la mer et la tête au soleil, dans une ville taillée comme un diamant aux mille facettes dans un écrin naturel magnifique. Attirant de nombreux artistes, auteurs, compositeurs, peintres ou sculpteurs, sa richesse culturelle est immense et Nice est la ville qui compte le plus de musée après Paris. Dans la ville pas moins de 75 monuments sont classés ou inscrits au patrimoine des monuments historiques. A proximité de l'Italie du Nord, de Monaco et d'autres villes touristiques telles que Cannes, Grasse, Antibes, Saint Jean Cap Ferrat, Eze, St Paul de Vence ou les villes hautes de l'arrière-pays, l'attrait touristique pour Nice et la Côte d'Azur est multiple. La proximité du parc du Mercantour et des 15 stations de ski alpin et nordique telles qu'Iso1a 2000, Auron, La Colmiane ou Valberg est un attrait supplémentaire. D'accès facile par son aéroport, l'un des plus importants en France pour les vols commerciaux et les jets privés, mais aussi par l'autoroute depuis Marseille, Aix ou l'Italie toute proche, en trains ou ferrys. Les transports en centre-ville sont facilités par une politique des transports en commun ou des moyens partagés tels que bus, tramways, automobiles électriques et les vélos bleus. L'hébergement et la restauration étant l'un des points forts du tourisme sur la

Côte d'Azur, vous ne pourrez que trouver satisfaction. 200 établissements hôteliers dont trois 5 étoiles et plus de 10 000 chambres vous attendent sur Nice, et d'ailleurs un visiteur sur cent en Europe passe au moins une nuitée à Nice. La ville est également l'un des leaders pour l'accueil de congrès. Le but de ce petit ouvrage est de vous aider à trouver facilement les lieux à privilégier lors de votre visite, toujours trop courte.

VENIR A NICE OU S'Y DEPLACER

Pour vous rendre à Nice où vous déplacer pendant votre séjour, de nombreux moyens de transport existent tels que l'aéroport, les gares, les tramways, les bus, des moyens en libre partage (Autos bleues, lzzie, cityscoot et vélos bleus), vélos taxis, segways...
Douze millions de passagers transitent chaque année par l'aéroport de Nice.
Doté de deux terminaux, il est le plus important de province en France et a déjà été classé plus belle approche aérienne du monde.
L'aéroport Nice Côte d'Azur est le deuxième pôle européen d'aviation d'affaires.
Même 1' A380 assure des liaisons quotidiennes.
Un héliport vous permet de rallier Monaco, Cannes ou Saint-Tropez.

Vous serez peut être également arrivés par l'un des nombreux moyens de transport, soit à l'aéroport..

… soit à la gare de Nice ville

…soit en bus à la gare routière, en ferry ou en paquebot de croisière au port Lympia.

De nombreux moyens de déplacement avec commentaires vous sont proposés pour découvrir la ville et ses magnifiques environs. Nice faisant 72 km², vous les apprécierez.

Des bus à impériale ou des petits trains vous proposent des circuits touristiques commentés.

Le train des merveilles et le train des pignes vous transporteront vers l'arrière-pays.

Les transports en commun vous permettront de vous déplacer facilement

Les moyens de transport partagés, auto-bleue, Cityscoot et vélos bleus
vous rendront autonomes

Les vélos taxis et les segways sont aussi des moyens de visite de la ville

HISTOIRE DE NICE

Bref rappel pour connaître l'histoire de Nice depuis sa création à ce jour.
Dès l'entrée Ouest de la ville près de l'aéroport, sur le pont Napoléon III, une stèle nous rappelle que Nice n'est rattachée à la France que depuis 1860.

Mais l'histoire de la cité débuta il y a fort longtemps, environ 400 000 ans, comme le prouve les vestiges découverts sur le site du musée de paléontologie Terra Almata, avec les homos érectus, et dans la grotte du Lazaret vieille de 170 000 ans.
La suite de l'histoire de Nice est riche et dota ainsi la ville de nombreux bâtiments et monuments que vous aurez plaisir à découvrir lors de votre séjour.
Que ce soit par les Grecs à Nikaïa au IVème siècle avant JC, les ligures des Védantiens avec Kemenelon vers 300 avant JC ou les romains avec Cemenelum (colline de Cimiez) en 14 avant JC, les rois de Sardaigne, la famille Grimaldi, le duché de Savoie ou la France, chacun a permis à Nice de s'embellir et de s'enrichir au fil des siècles dans les domaines de la culture et de l'architecture. Sans oublier de parler des passages et de l'influence des têtes couronnées anglaises et russes bien évidemment.
Nice est devenue la capitale des Alpes Maritimae en 14 après JC par décision de l'empereur romain Auguste.
Les places Masséna et Garibaldi sont aujourd'hui la démonstration de l'histoire partagée de la cité entre la France et l'Italie.

LES PRINCIPAUX LIEUX TOURISTIQUES
DE LA CAPITALE DE LA FRENCH RIVIERA

Voici une découverte en image des principaux endroits à découvrir.
Nous vous indiquons l'adresse pour chacun des principaux lieux au sein des 41 quartiers de Nice afin que vous puissiez plus facilement les trouver.
Outre l'attrait de la mer, des plages de galets et du soleil, Nice est une ville pleine d'intérêt notamment pour son histoire, son patrimoine et sa culture.
Alors commençons par le lieu que vous découvrirez en premier en venant de l'aéroport et pour lequel un dossier de demande d'inscription sur la liste du patrimoine mondial de l'Unesco est en cours. Il s'agit bien évidemment de la promenade des anglais.
Créée en 1820 par le Révérend Lewis Way sus ses fonds propres, elle est devenue l'une des plus belles avenues du monde après avoir pris sa forme actuelle en 1931.
Longeant la baie des anges, elle est bordée par de prestigieux hôtels.
Dans son prolongement, le quai des Etats-Unis et le quai Rauba Capeu vous mèneront au port Lympia.

Vous pourrez découvrir les fabuleux hôtels de prestige dans un chapitre qui leur est dédié car ils méritent que l'on s'attarde à eux. Le ponton est le seul vestige de l'ancien casino détruit durant la seconde guerre mondiale. La sculpture de Sabine Géraudie représentant la chaise bleue emblématique de la Promenade des anglais, est exposée à hauteur du jardin Albert 1er.

La promenade est désormais largement dédiée aux piétons et cyclistes afin d'en faire un lieu encore plus agréable où il fait flâner et se reposer à l'ombre des pergolas en admirant la mer.

L’obélisque de Venet avec ses 9 lignes obliques, représentant les vallées de Nice, a été érigée pour le 150ème anniversaire du rattachement de Nice à la France.
Du même artiste, la ligne indéterminée devant la galerie des Ponchettes.
Sur le quai des Etats-Unis, la réplique de la statue de la liberté, signée Bartholdi, se dresse fièrement devant le théâtre de l’Opéra.
Plusieurs portes donnent accès au Cours Saleya, au marché aux fleurs et au vieux Nice.

Légende ou tradition ?
Le nom de la baie des anges a plusieurs origines selon celle que l'on veut croire.
Les pêcheurs vous diront que ce sont les poissons aux nageoires en forme d'ailes d'ange qui ont donné le nom et les autres vous affirmeront que ce sont les anges descendus du ciel pour sauver les naufragés ou de ceux venus pour accompagner Réparate, la Sainte patronne de Nice dont la dépouille arriva sur la côte sur une barque à la dérive, qui sont à l'origine du nom de la baie.

Depuis la colline du château vous aurez une vue magnifique sur la ville de Nice,
La baie des anges et la promenade des anglais

Place du 8 mai 45 avec le cadran solaire et la stèle “I love Nice”

Au pied de la colline du château
et de la tour Bellanda

Le quai Rauba Capeu

La place Guynemer
Et la statue du roi Charles Félix de Sardaigne

Le monument aux morts
Inséré au pied de la colline du château
Classé monument historique

Le phare du port Lympia et le château
de l'anglais depuis le quai Rauba Capeu

Le quai Rauba Capeu avec sa promenade
piéton particulière et agréable

Les pointus, bateaux de pêche locaux aux couleurs chaudes, sont attrayants dans le port Lympia
dont la construction a été décidée en 1748 par Charles Emmanuel III de Sardaigne

Le port Lympia accueille également les ferrys pour les traverses vers la Corse et la Sardaigne
et aussi des paquebots de croisière

Le quartier des antiquaires
et le marché aux puces, lieu de brocante

La caserne Lympia
actuel Yacht club et galerie Lympia
ancien bagne (1750) – 2 quai Entrecasteaux

Le boulevard Franck Pilatte est le siège de plusieurs restaurants de renom, dont le Saint Paul, la Réserve et le Plongeoir.

Ce dernier, atypique, date du XIXème siècle et avait à sa création un majestueux bateau de pêche perché sur le rocher. En 1941, le restaurateur l'a fait remplacer par un plongeoir et une salle de restaurant.

Toujours sur le boulevard Franck Pilatte, la villa la Côte (1852), siège du Tribunal Administratif. Le jardin de Banville, dont une partie accède à la mer, et le parc Vigier agrémentent ce quartier.

PLACE DE L'ÎLE DE BEAUTE

Sur la place de l'île de beauté, au fond du port Lympia, vous découvrirez les palais jumeaux, les palais Astraudo et Malbequi, encadrant l'église Notre Dame du port.
L'ensemble est classé monument historique.

La grotte du Lazaret
(Classée monument historique)
mérite votre visite
33 bis boulevard Pilatte

Vieille d'environ
170 000 ans,
elle mesure 40m
de long sur 20m
de large et a été
découverte en 1826

LA COLLINE DU CHÂTEAU

Sur près de 90 hectares et culminant à 90m de hauteur, trône la colline du château.
A l'origine, place forte de la cité antique grecque Nikaïa, un château fort y avait été édifié au Xème siècle avant d'être détruit par Louis XIV en 1706

La tour Bellanda, vestige de l'ancienne citadelle médiévale où Hector Berlioz composa une œuvre lors de son séjour

De magnifiques points de vue en divers points de la colline du château

Plusieurs vestiges archéologiques
dont ceux de la cathédrale Sainte Marie de Cimiez

ΟΔΥΣ

La cascade de la colline construite en 1885
sur un ancien donjon et alimentée par les eaux
de la Vésubie

Le port Lympia vu depuis la colline

Vue panoramique sur la baie des anges
depuis la tour Bellanda

Une armoirie présente sur l'un des accès
à la colline du château depuis le vieux Nice

Chaque jour, midi est annoncé par un coup de canon tire depuis la colline du château.
Instauré en 1861 par Sir Thomas Conventry, selon la tradition militaire de midi, pour rappeler à son épouse qu'il était l'heure de rentrer pour préparer le repas.
La tradition a été perpétuée par un arrêté municipal de 1875.

PLACE GARIBALDI

La place Garibaldi, haute en couleurs, rappelle la période “italienne” de l’histoire de la cité.

Construite en 1773, on peut y voir la statue érigée à la gloire de Garibaldi, enfant de Nice et l’un des acteurs de la réunification de l’Italie.

A noter les trois boulets de canons turcs, souvenirs du siège de 1543 conservés sur la façade de la chapelle du Saint Sépulcre.

La statue de Garibaldi est classée monument historique, de même que la chapelle du Saint-Sépulcre.

PLACE MASSENA

Construite à partir de 1820 en hommage au niçois et Maréchal d'Empire Masséna, elle s'étendit lorsque la rivière du Paillon fut recouverte d'une dalle.
Des statues en résine et éclairées, réalisées par Jaume Plensa, représentent les sept continents.

La fontaine du soleil.
La statue en marbre d'Apollon
et cinq statues représentant la terre,
Vénus, Mars, Mercure et Saturne,
est une œuvre réalisée par Alfred Janniot
(1840)

LE VIEUX NICE

Le vieux Nice est le quartier historique de la ville. Chargé d'histoire, il est riche en couleurs et aussi en parfum notamment grâce au marché aux fleurs du Cours Saleya.
Avec ses rues étroites, ses commerces, restaurants et galeries d'arts, mais aussi ses nombreuses églises et bâtiments tels que la cathédrale Sainte Réparate, l'ancien sénat, l'hôtel de ville, le palais de justice et le palais des rois de Sardaigne, il impose votre visite.

Place saint François
Depuis l'îlot saint François

Rue de la Croix et église du Gésù

La fontaine aux dauphins
Sur la place saint François

Palais Caïs de Pierlas

Eglise Sainte Rita
Classée monument historique
1 rue de la poissonnerie

Rues du pont vieux et Mascoinat
Vues depuis la place Rossetti

Impossible de parler du vieux Nice
Sans parler des rues étroites,
Commerçantes et aux chaudes couleurs

Le vieux Nice
depuis le quai Rauba Capeu

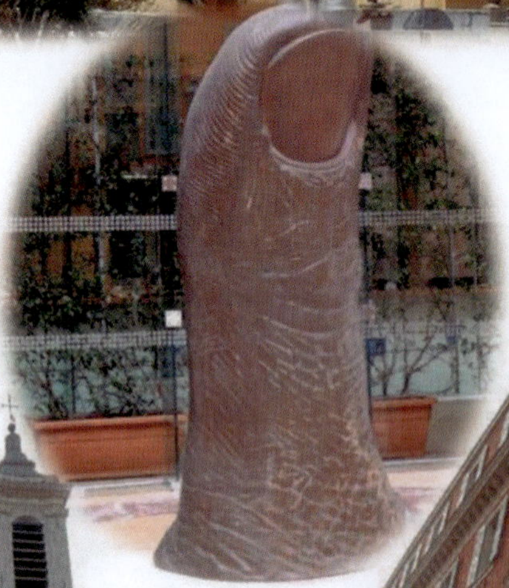

Le “pouce” de César
dans la cour de l’hôtel de ville

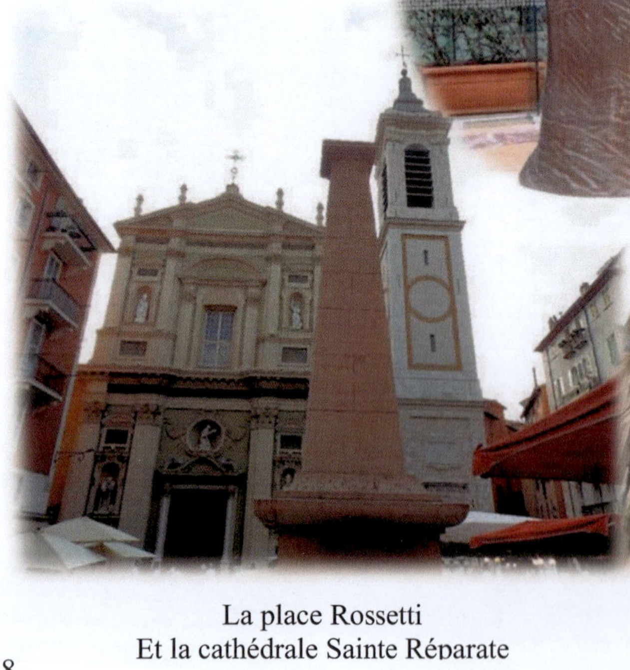

La place Rossetti
Et la cathédrale Sainte Réparate

L’hôtel de ville
5 rue de l’hôtel de ville

Le Cours Saleya et son marché aux fleurs,
ainsi que la façade d'un immeuble rappelant Adam et Eve datée de 1584 au 8 rue de la poissonnerie
et la façade d'un commerce

Le Cours Saleya
Et la chapelle de la miséricorde

Le marché aux fleurs

Tour du couvent Saint François, rue de la tour, et la place Saint François
vues depuis la promenade du Paillon

Ancienne synagogue
18 rue Bunico

Palais d'York ou palais Spitalieri de Cessole
5 rue de la Préfecture
Classé monument historique

Immeuble au 15 rue Alexandre Mari
Classé monument historique

Palais de justice (1876)
Place du palais de justice
Rendu célèbre le 10 mars 1977
Par l'évasion de Spaggiari,
Auteur du « casse du siècle »

Mur en trompe l'œil
Sur l'esplanade Georges Pompidou

Linteau classé monument historique
14 rue droite, face au palais Lascaris

Palais Hongran (1772)
2 rue Saint François de Paule
Classé monument historique
Napoléon Bonaparte y résida en 1796
De même que Guillaume Apollinaire en 1897

Chapelle Sainte Croix ou des pénitents blancs
(1633)
2 rue saint Joseph
Classée monument historique

Le théâtre de l'opéra (XIIIème siècle détruit le 23 mars 1881 – 63 victimes)
6 rue Saint François de Paule – Classé monument historique

Chapelle de la visitation
Place Saint Martin
Classée monument historique

Boulet de canon souvenir du siège turc de 1543
13 rue droite

La porte fausse avec ses voûtes dorées et son marbre vert
Qui débouche sur l'avenue Jean Jaurès, et la fontaine des tripiers

La caserne Rusca
Rue Raoul Bosio
Classée monument historique

Tour de l'horloge
Place du palais de justice
Classée monument historique

Le lavoir en pierre de la Turbie situé rue de l'ancien sénat et où le bourreau nettoyait son matériel après les décapitations.
Les lavandières utilisaient les deux bacs, l'un pour le lavage au savon et l'autre pour le rinçage.

Les nombreuses rues étroites et colorées du vieux Nice.

Palais du sénat du comté de Nice dès 1614
Rue Jules Gilly

Les sphynges de la colonne des israélites (1826)
Qui ornaient le pont neuf (place Masséna)

Eglise Saint Martin Saint Augustin
Place Saint Augustin
Classée monument historique

Chapelle Sainte trinité et Saint Suaire
1 rue Saint Suaire

Couvent de la visitation
1 place Sainte Claire

Eglise Saint François de Paule
9 rue Saint François de Paule

Eglise Saint Jacques le majeur – Gesù
1 rue du Jésus
Classée monument historique

Oratoire de la Madone du Malonat
Rue du Malonat

Palais Lascaris – Musée des instruments anciens de musique

15 rue droite – Classé monument historique

La façade du palais Lascaris

Le blason du plafond du vestibule du palais est celui d'une famille du XIIIème siècle

De style baroque, le palais Lascaris est extrêmement bien conservé.
Les peintures aux murs ou plafonds de même que les escaliers sont d’excellente facture.
Les collections présentées au musée se montrent également digne de votre intérêt.

Palais des rois de Sardaigne ou des Ducs de Savoie (1613)

Classé monument historique

Portraits de l'Empereur Napoléon III et de l'Impératrice Eugénie

La salle des fêtes

Le jardin d'hiver

La galerie Jules Chéret (1908)
célèbre les fêtes niçoises du carnaval et des batailles de fleurs

Le fumoir

La petite salle à manger

La grande salle à manger

Cathédrale Sainte Réparate

3 place Rossetti

De style baroque, elle fut construite de 1650 à 1699 sur la base de la chapelle de 1246.
Son magnifique intérieur s'inspire de la chapelle Saint Pierre de Rome.
Classée monument historique

S. BASSUS

S. SYAGRIUS

La promenade du Paillon

Coulée verte construite sur le Paillon
Entre la place Masséna et la promenade des arts

Statue de Masséna
Classée aux monuments historiques

Bronze du David de Michel Ange

Totor
De Stéphane Bolongaro

Jardin Albert 1er et théâtre de verdure

Le jardin Albert 1er et le théâtre de verdure sont situés entre la place Masséna et la promenade des anglais dans le prolongement de la promenade du Paillon.
A voir, la fontaine des trois grâces de Volti (1960) représentant les trois filles de Zeus, le buste du roi Albert 1er et la statue de la lionne et l'antilope de Masson (1869)

Kiosque à musique

Arc de 115°5 de Venet (1988)

Monument du centenaire
du rattachement de Nice à la France
Classé monument historique

Fontaine des tritons ou des phocéens
XVIIIème siècle
Classée monument historique

Musée d'Art Moderne et d'Art Contemporain (MAMAC) – 1990

Place Yves Klein

Quatre tours carrées de 20m de côté sur 30 de haut reliées entre elles par des passerelles vitrées

Plus de 150 000 visiteurs
sont accueillis au MAMAC
chaque année par le monstre
du Loch Ness de Niki de Saint Phalle.
Il regroupe un musée d'art moderne
et d'art contemporain mais aussi
une bibliothèque et un auditorium.
Ses façades de style néo –classicique
Sont en marbre blanc et sa superficie
de 4000m² a été construite
sur la couverture du Paillon.
Les façades intérieures sont décorées
par des œuvres d'artistes
comme les chaises bleues d'Arman.
1300 œuvres de 1950 à nos jours
sont exposées dans neuf salles

Des œuvres de César

La tête carrée de Sosno (2002) première sculpture habitée (30m de haut sur 14m de côté)
Abritant les bureaux de la bibliothèque Louis Nucéra et la promenade des arts

Vue panoramique à 360° sur Nice depuis les terrasses du 4ème étage du MAMAC

Sculpture de Sosno devant Acropolis

Hommage à la méditerranée (1983)
Cyril de la Patellière
devant Acropolis

ACROPOLIS

1 esplanade John Fitzgerald Kennedy

Dans le prolongement du MAMAC et toujours sur la couverture du Paillon, l'Acropolis est composé de deux structures, un palais des congrès et un parc d'exposition.
Le parc d'exposition est construit dans les années 50 sur 14 000 m².
Le palais des congrès fait 21 000 m² avec son prestigieux auditorium Apollon de 2400 places et une scène de 1200m², la deuxième en France de par sa surface.

Accumulation de contrebasses
Œuvres d'Arman (1985)

Parc Phoenix et musée des arts asiatiques

405 promenade des anglais

Proche de l'aéroport et du quartier d'affaires de l'Arénas, le parc Phoenix est l'un des poumons verts de la ville dans lequel vous pourrez admirer de nombreuses espèces végétales et animales, une magnifique serre et ses orchidées.
Prolonger votre visite avec le musée des arts asiatiques qui jouxte

Fort du mont Alban et parc du mont Boron

Chemin du fort du mont Alban
Classé monument historique

Bâti en 1557, et bien qu'attaqué à de nombreuses reprises notamment en 1691 et 1744, il reste à ce jour l'un des rares édifices militaires du milieu du XVIème en bon état de conservation.

Le parc du mont Boron, tout proche, offre un cadre reposant et très ombragé avec une vue magnifique sur Nice et la baie des anges.

MOBY

Le quartier de Gairaut

Situé sur les collines niçoises

Le chalet et sa cascade

La chapelle Saint Sauveur

L'église et la cascade sont classés monuments historiques

Le château d'Azur (1924)
Vu depuis la colline de Cimiez – 33 avenue Virgin Neal à Gairaut

Villa de Chateauneuf (1661)

Villa de la famille Peyre Marquis de Chateauneuf
170 avenue de Gairaut – Classée monument historique

71

La chapelle, l'écurie, le salon de lecture Et les jardins sont également bien entretenus

Palais Maeterlinck et le cap de Nice

8 boulevard Maurice Maeterlinck

Datant de 1920 le bâtiment devait dans son projet initial concurrencé le Casino de Monte-Carlo, mais l'ouverture du Palais de la Méditerranée ruina son propriétaire.
La demeure devint un hôtel de luxe puis une résidence de grand standing.

Le palais Maeterlinck surplombe le cap de Nice avec ses nombreuses criques et ses eaux translucides que l'on peut découvrir par le chemin des douaniers.

Les criques et la clarté des eaux du cap de Nice

Observatoire astronomique de Nice

96 boulevard de l'observatoire – Classé monument historique

La grande lunette équatoriale, la plus grande au monde avec une lentille de 76cm de diamètre et 18 mètres de distance focale

L'observatoire astronomique de Nice a été construit en 1887 à 375m d'altitude sur le mont Gros à la demande du banquier Bischoffesheim qui souhaitait créer le meilleur outil astronomique de l'époque.
Les bâtiments furent réalisés par Charles Garnier et la plus importante coupole de 24m de diamètre reposant sur un coussin d'eau pour sa manœuvre, par Gustave Eiffel.

A l'entrée, vous découvrirez le pavillon de chasse, puis les écuries avec son horloge solaire avant de vous diriger vers le pavillon Henri Chrétien fort d'une impressionnante bibliothèque technique contenant entre autres des ouvrages de Copernic.

Vous aurez ensuite la possibilité de découvrir les différentes coupoles avec deux lunettes méridiennes et trois équatoriales, sans oublier d'admirer le plus fabuleux point de vue sur Nice et la baie des anges, et même jusqu'au mont Vinaigre dans le Var.

Monastère de Cimiez

Le monastère, le musée franciscain et le jardin

L'église Notre Dame de l'assomption
(XVème siècle – Place Jean Paul II

Le monastère franciscain et son musée
Classé monument historique
(IXème siècle)

Croix séraphique de Cimiez (1477)
Classée monument historique – Place Jean Paul II

La partie basse du jardin

Le jardin du monastère franciscain de Cimiez est magnifique avec sa roseraie et offre une belle vue sur la colline du château.
Un buste de sa sainteté le Pape Jean Paul II fait face à l'église

TEMPS MOYEN

Sous les arcades de Notre Dame de l'Assomption

Le musée des franciscains

MUSEE MATISSE

164 avenue des arènes de Cimiez
Classé monument historique

Le musée Matisse se dresse au milieu d'un parc de plusieurs centaines d'oliviers plus que centenaires et est entouré par les arènes de Cimiez, le musée archéologique et le site archéologique des thermes et du mur ligure.
Cette villa génoise, de 1622, devint le palais Gubernatis en 1670 et le musée y a ouvert ses portes en 1963.

SÉEMATISSE
VILLE DE NICE

Les arènes de Cimiez – IIème siècle

Classées aux monuments historiques

Buste de Louis Amstrong
En souvenir du festival
de Jazz aux arènes

Site et musée archéologiques

Villa Garin de Cacconata
Vestiges de l'oppidum ligure de Kemenelon (300 avant JC)
Et romaine de Cemenelum (Ier et IVème siècle)
Classés monuments historiques

L'entrée du musée archéologique

Le musée archéologique, une partie du site des fouilles et quelques vestiges

Excelsior Régina Palace (1897) – 71 Boulevard de Cimiez

Résidence de la Reine Victoria lors de ses séjours niçois de 1887 à 1899
Classé monument historique

Avec 19 musées, Nice offre un riche patrimoine culturel

La mer et le climat ont largement inspiré des artistes tels que Chagall, Arman, Cheret, César, Renoir, Matisse, Apollinaire, Max Gallo, Romain Gary, Joseph Kessel, Modiano, Nietzsche, Tchekov, Berlioz, Stravinsky, Raoul Dufy, Paganini, Alexandre Dumas, Maeterlinck , Gaston Leroux, Jules Romain ou encore Picasso sur Antibes, entre autres.
Ce n'est qu'en 1860, lors de sa visite pour le rattachement du comté de Nice à la France, que Napoléon III décida de pallier à l'absence de musée à Nice.
C'est ainsi que la villa Kotchoubeï devint le musée Jules Chéret.

Musée des beaux-arts Jules Chéret
Palais du Prince Lev Viktorovitch Kotchoubeï – 1887
33 avenue des Baumettes – classé monument historique

Les galeries des ponchettes et de la marine au 77 et 55 quai des Etats-Unis

Muséum d'histoires naturelles – 60 boulevard Risso

Crypte archéologique de 2000 m² - 1 place Toja
Les fortifications de la porte Pairolière sont visibles en sous-sol et sont classées monuments historiques

Musée Masséna d’histoire locale (1898)

65 rue de France, attenant à l’hôtel Négresco
Classé monument historique

L’ancien casino

L’époque romaine de Cemenelum

Musée Marc Chagall

36 avenue Docteur Menard

Le musée Marc Chagall regroupe la plus grande collection des œuvres de l'artiste, plusieurs centaines, inspirées pour la plupart par l'ancien testament.

A voir également l'auditorium ainsi que la mosaïque du prophète Elie se reflétant dans l'eau d'un bassin.

Villa Arson

20 avenue Stephen Liegeard
Classée monument historique

La villa Arson est à la fois une école nationale supérieure d'art, un centre d'art contemporain, une résidence d'artistes et une bibliothèque spécialisée.

La villa Arson est implantée dans un domaine de deux hectares et son jardin composé de plantes et de béton épouse les flancs de la colline Saint Barthélémy en offrant un magnifique panorama sur Nice et la baie des anges.

100KG

Gladys
Clover

Musée international d'art naïf Anatole Jakovsky

Château Sainte Hélène – 23 avenue de Fabron

Le musée Jakovsky réunit un panorama unique au monde d'œuvres d'art naïf du XVIIIème siècle à nos jours.

Implanté dans l'ancienne demeure du parfumeur François Coty, le parc regroupe des essences rares.

Palais de marbre ou Villa des palmiers

7 avenue de Fabron
Archives municipales de la ville de Nice
Classé monument historique

Un magnifique palais avec une belle pièce d'eau

Le parc du palais est orné de nombreux vestiges

Quelques bâtiments officiels et monuments sur Nice

Le lycée Massena

2 avenue Félix Faure
Classé monument historique

Le lycée Massena est situé le long de la promenade du Paillon. Construit en 1623, il est à l'origine le couvent des augustins Déchaux. Le roi de Sardaigne y installa la Compagnie de Jésus en 1820 et le bâtiment devint collège royal. Sur la tour de l'horloge figure à sa base une horloge solaire sur laquelle on peut lire la devise du lycée :
« Horas ne numerem nisi serenas »
(Je souhaite ne compter que les heures heureuses)

LYCEE

Crédit photo : Google Maps

Château de Valrose (1867)
Actuellement faculté des sciences – 28 avenue Valrose – Classé monument historique

Palais consulaire (1926)
Siège de la Chambre de Commerce
20 boulevard Carabacel

Préfecture des Alpes-Maritimes (CADAM)
147 Boulevard du Mercantour

Hôtel de ville
5 rue de l'hôtel de ville

Palais de Justice
Place du palais

Bibliothèque Raoul Mille
Ancienne gare du Sud
33 avenue Malaussena
Classée monument historique

Temple de Diane
Parc Chambrun
16 avenue Chateaubriand

Palais de l'agriculture – Classé monument historique
113 promenade des anglais

Bibliothèque Romain Gary
21 bis boulevard Dubouchage

Villa Furtado Heine (1787)
Classée monument historique
61 promenade des anglais

Affaires maritimes
Quai Amiral Infernet

Caserne Lympia (Ancien bagne) - 1750
Classée monument historique
Quai du commerce

Hôtel des postes
21 avenue Thiers

Stèle en hommage à Catherine Ségurane
Héroïne niçoise lors du siège des turcs en 1543
Rue Sincaire

Batterie du cimetière russe – Fortification destinée à protéger la baie des anges
Construite en 1890 – Avenue Raoul Dufy

Amphithéâtre « le galet »
Hôpital Pasteur
30 voie romaine

Club nautique (1883)
50 rue Franck Pilatte

Université Saint Jean d’Angély
Avenue François Mitterrand

Quartier d’affaires de l’Arénas
455 promenade des anglais

Stèle en hommage aux français d’Afrique du Nord
Promenade des anglais (face au CUM)

Collège international Joseph Vernier (1896)
Rue Vernier

Stèle en hommage aux quatre Maréchaux
de la guerre 39-45, De Lattre de Tassigny,
Juin, Leclerc de Hautecloque et Koenig
Jardin Alsace Lorraine – Boulevard Gambetta

Ancien hôpital Saint Roch
4 rue de l'hôtel des postes

Faculté de droit et des sciences économiques
Avenue Doyen Trotobas

Ecole normale d'Instituteurs (ESPE)
43 avenue Stephen Liegeard

Stade Allianz Riviera et Musée national du sport
Boulevard des jardiniers

Palais Nikaïa
(Sports et spectacles)
163 Boulevard du Mercantour

Nice Lawn Tennis Club (1890)
5 avenue Suzanne Lenglen
Club de grande réputation où évoluèrent entre autres Suzanne Lenglen, Pierre Darmon, Yannick Noah ou encore Gilles Moretton

Centre Universitaire Méditerranéen – 1933
Ancienne 1ère école hôtelière à Nice
65 promenade des anglais

Hôpital pour enfants de la fondation Lenval
57 avenue de la Californie

Office du tourisme et des congrès
5 promenade des anglais

Hôtel des postes
18 rue de l'hôtel des postes

Quelques œuvres au détour des rues de Nice

Horloge solaire
23 avenue Docteur Ménard

Ouvres d'élèves
Square Henri Lentulo

Œuvres diverses rencontrées dans les jardins publics

Place Alziary Malaussena

Avenue George V

Les principaux hôtels, restaurants et casinos.
Tous ces palaces qui font aussi la renommée de Nice

Le Negresco (1913)

37 promenade des anglais

De style néo-classique et baroque, sa façade est l'une des plus emblématiques de Nice

Son intérieur richement meublé et les œuvres d'art exposées en font un véritable musée.

Classé monument historique

Statue de Mike Davis
Par Niki de Saint Phalle devant l'entrée

Casino du Palais de la Méditerranée
Classé monument historique
15 promenade des anglais

Hôtel le Royal
23 promenade des anglais

Boscolo hôtel Plaza
12 avenue de Verdun

Hôtel Ambassador
8 avenue de Suède

Boscolo Exedra – 12 boulevard Victor Hugo

Hôtel Aston la Scala – 12 avenue Félix Faure

Hôtel West End
31 promenade des anglais

Casino Ruhl et hôtel Méridien
1 promenade des anglais

Hôtel Albert 1er
4 avenue des phocéens

Hôtel Goldstar
45 avenue du Maréchal Joffre

Nice est aussi une ville riche en édifices religieux.
Ces bâtiments aux architectures diverses sont autant de curiosités touristiques

Eglise orthodoxe russe Saint Nicolas et oratoire du Tsarévitch Nicolas Alexandrovitch
Avenue Nicolas II – Classée monument historique

Abbaye Saint Pons
Classée monument historique
Montée de l'abbaye Saint Pons

Eglise Saint Pierre d'Arène
52 rue de la Buffa

Croix de marbre- 29 rue de France
Classée monument historique

Eglise Saint Jean Baptiste - le Vœu
2 rue Alfred Mortier

Cathédrale Sainte Réparate
3 Place Rossetti

Eglise Sainte Monique
33 rue Montel

Abbaye de Roseland
Classée monument historique
44 boulevard Napoléon III

Crédit photo Google Maps

Eglise Sainte Thérèse
8 rue Revelli

Eglise Saint Paul
28 avenue de Pessicart

Eglise protestante évangélique
51 avenue de Pessicart

Eglise Saint Roch
Place Saint Roch
Classée monument historique

Villa Santa Teresa

Eglise Saint Barthélémy
11 montée Claire Virenque

Eglise Saint Etienne
32 rue Vernier

Maison de retraite de religieux
4 chemin de Saint Charles

Temple Vaudois
50 rue Gioffredo

Chapelle du Saint Sépulcre
7 place Garibaldi
Classée monument historique

Eglise Saint Sauveur de Gairaut
Classée monument historique
Raccourci de la Croix

Eglise Saint Philippe – Neri
Classée monument historique
40 rue d’Estienne d’Orves

Eglise Saint Pierre et l'ancienne église
de l'Ariane

Chapelle du CH Ste Marie
87 avenue Joseph Raybaud

Eglise Notre Dame du vallon des fleurs
164 avenue Henri Dunant

Eglise de bon voyage
Pont René Coty

Eglise Notre Dame de France
9 chemin du fort du mont Alban

Eglise Notre Dame de Lourdes
56 boulevard René Cassin

ESPE de Nice
89 avenue Georges V

Eglise Saint Marc
180 boulevard Napoléon III

Chapelle Saint Charles
6 boulevard de l'observatoire

Eglise Notre Dame du Rosaire (1925)
8 rue Auguste Verola

Monastère de Sainte Claire
30 avenue de Sainte Colette

Ancien séminaire Saint Paul
29 boulevard Franck Pilatte

Eglise orthodoxe Grecque
2 avenue Desambrois

Eglise Notre Dame Auxiliatrice
Classé monument historique
36 place Don Bosco

Eglise protestante unie
21 boulevard Victor Hugo

Eglise protestante
Rue Melchior de Vogue

Eglise Saint Jean l'évangéliste
25 boulevard comte de Falicon

Eglise orthodoxe russe
Saint Nicolas et Sainte Alexandra
Classée monument historique
6 rue Longchamp

Synagogue de Nice
Classée monument historique
9 rue Gustave Deloye

Eglise Saint Joseph
21 rue Smolett

Eglise Notre Dame du port
8 place de l'île de beauté

Colonne du Pape Pie VII
Place de la croix de marbre

Eglise du sacré Cœur
Place de la Croix de marbre

Eglise Sainte Jeanne d'Arc (1914 – 1933)

86 avenue Saint Lambert – Classée monument historique

Sainte Jeanne d'Arc
à l'écoute des voix

L'une des premières
églises en béton armé.
Dotée de 11 coupoles.
Pour l'acoustique
23000 briques
tubulaires ont été
incluses.

Basilique Notre Dame de l'Assomption (1868) – 2 rue d'Italie

Notre Dame du perpétuel secours
34 boulevard du mont Boron

Eglise Sainte Hélène (1650)
1ère église de Nice hors le vieux Nice
Classée monument historique
142 avenue de la Californie

Chapelle Sainte Trinité (1935) – cimetière du château
Le cimetière est un peu du style de celui du Père Lachaise à Paris avec de nombreux notables et notoriétés tels que Gambetta, René Goscinny, Georges Lautner, Gaston Leroux ou Emil Jellinek fondateur de Mercedes

Pyramide en hommage aux dizaines de victimes de l'incendie de l'opéra en 1881

La semeuse – 8 rue Saint Augustin

Eglise de Jésus Christ
des saints des derniers jours
Avenue Thérèse

Chapelle de l'avenue du monastère

Eglise évangélique Bonne Nouvelle
8 boulevard de Cimiez

Eglise Saint Roman de Bellet – XIXème siècle
Architecte Joseph Vernier
Place Louis Martin

Architecture et façades niçoises

Nice est une ville qui mérite que l'on s'intéresse à son architecture.
Diverse et variée, cette dernière est un enchantement
Que ce soit de style belle époque, art-déco, gothique, mauresque, baroque ou autres, chaque rue de Nice vous émerveillera avec ses façades plus belles les unes que les autres.
Les motifs sculptés, les couleurs chaudes, les frontons décorés mais aussi les volets ou les lampadaires raviront vos pupilles.
Les façades traditionnelles sont enduites à la chaux dans des tons chauds, jaune, rose ocré ou rouge qui contraste avec les volets verts ou bleu-gris.
Les façades belle époque sont dans les tons blanc cassé, sable clair ou pastel, avec de belles ferronneries telles des dentelles.
Les façades art-déco sont souvent en ciment blanc, bouchardés et/ou avec des parements de pierres.
Certaines demeures ont une grande histoire comme l'Excelsior Régina, ce palace construit en 1880, situé sur la colline de Cimiez où séjournait la Reine Victoria, ou le Parc impérial plus à l'Ouest avec la Famille impériale russe.
Nombre d'entre elles portent le nom de palais selon un usage local.
Voici quelques exemples de ces beautés architecturales mais dans chaque rue il suffit de lever un peu les yeux pour être stupéfait de découvrir un tel concentré de qualité et de finesse dans les demeures niçoises.
Cette richesse est en partie le fruit du mélange des cultures lié à l'histoire de la ville.

1 avenue Liserb

Palais Meyerbeer (1908)
Classé monument historique
45 boulevard Victor Hugo

Palais de la reine Marie Christine
Epouse de Charles Félix de Sardaigne
20 rue de France

Château de la Tour d'Aspremont (1860)
22 avenue du château de la Tour

Villa Nobili
Ancien château de Cimiez
94 avenue George V

Palais de la Buffa
24 rue de France

Hôtel By Mariott avec la Vénus de Sosno (1987)
117 rue de France

Villa Furtado-Heine
Classée monument historique
121 rue de France

2 avenue de la Californie

Immeuble du Crédit Lyonnais (1880)
15 avenue Jean Médecin

Place de l'armée du Rhin

Palais de l'Hermitage
46 avenue Emile Bieckert

Château la tour
15 boulevard du mont Boron

Villa Beau site
Classée monument historique
114 boulevard Carnot

Château de l’anglais (1856)
Classé monument historique
29 avenue Jean Lorrain

Villa Bellanda

Jardin Bellanda

Hôtel Vendôme
26 rue Pastorelli

Château des Ollières
39 avenue des Baumettes

Villa Abbo
24 boulevard Victor Hugo

Immeuble Garacci-Bensa - Classé monument historique
4 rue Maréchal Joffre

Palais Barety – Classé monument historique
1 rue du Docteur Barety

La rotonde – Classée monument historique
30 boulevard Gambetta

114 boulevard Gambetta

Villa Béthanie
17 avenue Urbain Bosio

Villa Hélios Saint Jean
12 avenue du Capitaine Scott

Villa la charmeuse
Avenue Alfred Roux

Palais Miramar
29 bis, boulevard du mont Boron

Villa indochinoise
Petit chemin de Valrose

2 rue Paul Bourget

Palais de Chambrun
Avenue de Gravier

Avenue du bois

Villa rose
10 avenue du bois

Le Mirage
11 avenue du bois

Hôtel du petit palais
17 avenue Emile Bieckert

L'Hermitage
42 avenue Emile Bieckert

Palais Langham
2 avenue Emile Bieckert

Palais de Nice
28 avenue Carabacel

Villa Majestic et Grand Palais
2 boulevard Carabacel

Villa Reizian
33 avenue Emile Bieckert

Le Majestic (1906) – 4 boulevard de Cimiez

Villa Paradisio (1900)
Siège du prix de Rome durant la guerre 39-45
24 boulevard de Cimiez

Ancien hôtel Alhambra (1900)
Classé monument historique
46 boulevard de Cimiez

Palais Alphonse XIII
52 rue de France

Hôtel du petit Palais
Ancienne demeure de Sacha Guitry
17 avenue Bieckert

Palais des arènes
4 avenue des arènes de Cimiez

Parc de l'enchanteresse

45 boulevard Victor Hugo

139 promenade des anglais

La Mascotte
197 promenade des anglais

45 promenade des anglais

Villa Prat
30 promenade des anglais

Halte de Gairaut
141 avenue de Gairaut

Avenue du Cap de Nice

Cap des anges
22 avenue Jean Lorrain

Avenue de Gairaut

Tsar Palace
10 rue Chateauneuf

Immeubles sur les quais du port Lympia

Château Riquier
19 corniche André de Joly

Villa Sagesse
1 rue d'Urfé

27 avenue Cernushi

Palais Bella Nizza
Angle de la rue Barla et du boulevard Risso

Palais Victoria
110 avenue des arènes de Cimiez

Avenue Michel de Cimiez

Villa Ramuncho
38 avenue Cermunshi

Villa d'Azur
Avenue Michel de Cimiez

23 avenue Cernushi

37 rue Cronstadt

La Crovonne
167 promenade des anglais

Palais Massingy
2 rue de Massingy

Immeuble Gloria Mansons (1932) – 123 rue de France
Art-déco, classé monument historique – magnifiques vitraux et décorations intérieures

Château des Ollières
39 rue des Baumettes

31 et 33 rue de l'hôtel des postes

Manoir Leliwa de Rohozinski

Villa Harvey
32 rue Auguste Renoir

1 rue Cordier

Palais Saint Germain
71 avenue Georges V

32 rue Robert Schuman

Villa Valéry
1 boulevard Edouard VII

Villa Aréna
121 avenue des arènes de Cimiez

Villa la perle
11 boulevard Edouard VII

4 boulevard Edouard VII

5 boulevard Edouard VII

10 boulevard Edouard VII

57 boulevard de Cimiez

Le Palladium
2 boulevard du Tsarévitch

Palais Prince de Galles
53 boulevard de Cimiez

Villa la Tour
134 avenue des arènes de Cimiez

Winter Palace
82 boulevard de Cimiez

Villa Saint Georges
2 montée Saint Valérien

Lycée du Parc Impérial (1902)
Ancien hôtel de luxe de 109m de long sur 35m de haut
En 1968, la toiture ardoisée et la rotonde sont démontées – 2 avenue Paul Arène

Villa Schmitz (1887) et son parc en restanques
Classée monument historique
8 rue de l'observatoire

Villa Marguerite
12 avenue Caravadossi

Palais Valrose
16 avenue Fragonard

Palais Saint Maurice
78 avenue Alfred Borriglione

4 rue Paul Bounin

Rue André Joly

Chemin de la Fauma Fresca

Villa Emcafré
16 boulevard du Parc impérial

Palais Saint Maurice
32 rue Bounin

Villa El Patio
Classée monument historique
27 boulevard du Parc Impérial

Villa Annie Flore
Avenue Suzanne Lenglen

4 avenue Paul Arène

18 rue François Aune

14 rue Châteauneuf

Villa Lorenadia
1 avenue Capitaine Scott

Villa Leonia
48 boulevard Carnot

Villa la Vénitienne – 2 avenue Leroux

Hôpital de Cimiez
Avenue Reine Victoria

Palais Buissine
35 boulevard de Cimiez

Villa la Lézardière
Avenue Georges V

Palais Raimbaldi
Avenue Raimbaldi

Château Beaulieu
Avenue Foch

Palais Franco-Russe
8 avenue Foch

Rue Delille

Un vignoble AOC dans la ville de Nice

Héritage romain, le vignoble de Bellet réduit depuis à environ 60 hectares, produit un excellent vin AOC reconnu parmi les meilleurs, au sein d'une dizaine de domaines.
Nice est l'une des seules villes à posséder des vignobles avec Vienne en Autriche.

Les vignobles cultivés en terrasse

Le domaine et la chapelle familiale du Baron de Bellet (1777)
L'un des plus vieux cru AOC (1941) – 482 chemin de Saquier

Le château de Crémat (1906)
442 chemin de Crémat

Les initiales du château de Crémat
les deux C entrelacés figurant
sur le fronton et les vitraux,
auraient inspiré l'une de ses invités,
Coco Chanel, pour son logo

Le château de Crémat a été construit
sur deux galeries de 50m creusées par les romains pour entreposer le vin et l'huile d'olive

Parcs, jardins publics, rues piétonnes, chemins…
Autant de lieux de détente ou de divertissements

Nombreux sont les endroits où vous pourrez vous détendre ou vous amuser avec vos enfants entre deux visites.
Commençons par les plus connus et dont nous avons déjà parlé en amont, comme la promenade du paillon, le jardin Albert 1er, le jardin du monastère de Cimiez et sa roseraie, celui des arènes de Cimiez tout proche avec ses oliviers, le parc de la colline du château, celui du mont Boron, le parc Chambrun et le temple de Diane, mais aussi le parc d'Estienne d'Orves sur 14 hectares avec son olivier millénaire ou le jardin botanique sur 33,5 hectares, véritable musée à ciel ouvert du monde végétal avec 3000 espèces au 78 corniche fleurie.
D'autres parcs et jardins méritent votre intéressement comme le parc Castel des deux rois sur 3,6 hectares à deux pas du port Lympia au 32 avenue du mont Alban.
Vers le 30 boulevard Gambetta, vous pourrez vous reposer dans le beau jardin Alsace Lorraine dans 8800m² ombragés auprès de la stèle des maréchaux.
8800m² également au jardin des Hoirs de Cessole au 60 boulevard de Cessole où vous pourrez découvrir la maison de l'environnement.
D'autres également comme le square Kirchner sur près d'un hectare au 43 boulevard René Cassin, jouxtant la promenade des anglais et proche du parc Phoenix, mais aussi le parc des tripodes sur plus de cinq hectares au 6 rue du Sicou, ou le parc du Docteur Guillaud sur cinq hectares au 15 bis avenue de la Clua.
Chaque quartier possède un square ou un agréable jardin, parfois ornés de sculptures.
La plupart de ces lieux sont zéro pesticide pour préserver la nature et la santé.

Parc du Castel des deux rois – 32 avenue du mont Alban

Parc de la villa Rati (1726)
1 avenue Rati

Jardin botanique
78 corniche fleurie

Entre le monastère, les arènes, le musée Matisse et les fouilles archéologiques,
Le jardin de Cimiez est une vaste oliveraie, constituée de milliers d'oliviers plus que centenaires
Et ses pelouses libres d'accès en font un lieu privilégié de promenades familiales

Les rues piétonnes ou autres chemins, que ce soit pour faire du shopping ou une ballade

Comme les rues du vieux Nice, d'autres artères sont piétonnes dans la ville. C'est le cas de la rue Massena ou bien partagées avec le tramway comme les avenues Jean Médecin et Malaussena. C'est une ville où une part de plus en plus importante est accordée aux piétons et aux vélos.

Quelques chemins et sentiers vous permettront parfois d'accéder au sommet des collines niçoises, en restant à l'ombre, tel par exemple le chemin de la galère qui porte bien son nom pu celui du canal de Gairaut.

Si Nice a une langue propre, reconnue et enseignée, le Nissard, transition de la langue occitane et du ligure, elle a aussi une tradition culinaire que nous vous invitons à déguster.

Nice est réputée autant pour son attrait touristique que son art de vivre et sa cuisine.
Une cuisine traditionnelle et méditerranéenne avec beaucoup de légumes, saveurs et senteurs.

Le label « Cuisine Nissarde » est attribué aux restaurateurs qui œuvrent à valoriser la cuisine niçoise en s'engageant sur le respect des recettes, la qualité des produits et des matières premières utilisées, la qualité de l'accueil et de l'information de la clientèle comme la conformité avec la réglementation en matière d'hygiène et de sécurité.
Actuellement une quinzaine d'établissements sont labellisés et la liste est diffusée par l'Office du Tourisme et des Congrès.

Les principaux plats niçois sont, pour le pain, la fougasse, la pichade et la pissaladière.
Pour la soupe, la soupe au pistou.
Pour les entrées, la brissaouda et la tapenade, pour les salades, le mesclun, la salade niçoise et le pan bagnat.
Pour les charcuteries, la porchetta niçoise et la trulle.
Pour les légumes, le beignet de fleurs de courgettes, le capoun, les farcis et la ratatouille.
La panisse et la socca pour les légumes secs
Pour les poissons, l'estocafic et le poutine.
Pour les viandes, la daube niçoise.
Pour les sauces, la bagna cauda et le pissalat.
Pour les desserts, les ganses et la tourte de blettes.
En fromages, les tommes de Tende et de la Vésubie, fromages à pâte pressée non cuite.
Pour les boissons, la Branda qui est une eau de vie, la Lérina, une liqueur des moines de l'île de Lérins et les vins de Bellet, AOC fait sur les collines niçoises.
Sans oublier les olives de Nice, AOC, et les huiles d'olives pour les assaisonnements de même que le miel de Provence toutes fleurs, label rouge.

Le carnaval, le corso fleuri et les batailles de fleurs sont les rendez-vous incontournables de Février à Nice

Sur chaque chars, des mannequins costumés lancent jusqu'à 100 000 fleurs au public.

Depuis 1876 et durant quinze jours, 1,5 millions de visiteurs dont 400 000 sur le parcours assistent au carnaval et au corso fleuri qui attirent également 100 médias venus d'une vingtaine de pays

CORSO CARNAVALESQUE PARADA NISSARDA

Le corso se compose de 18 chars conçus selon le thème et un certain nombre d'éléments d'animation.
Il devient un défilé aux couleurs éclatantes auquel se mêlent les arts de rue et groupes musicaux venus du monde entier.

Crédits photos : OCTN – A. Chalian

Crédits photos : OCTN – A. Chalian

Fête de Sainte Réparate

Originaire de Palestine, Réparate serait morte en 205, à l'âge de 15 ans, lors des persécutions de l'empereur romain Dèce. Selon la tradition tout d'abord, on aurait tenté de la brûler vive mais elle fut sauvée par une averse opportune. On lui fit ensuite boire de la poix bouillante, mais une fois de plus elle survécut.

Finalement elle fut décapitée et son corps placé dans une barque fleurie de mousse, de roses, de lys et de palmes et guidée par une colombe qui dériva sur la méditerranée.

L'embarcation atteignit ainsi les côtes de Nice et fut ramenée sur le rivage par des anges, donnant ainsi son nom à la célèbre baie.

Vers 1690, un notable niçois, Rostaing Raimbaldi, aurait rapporté d'un voyage à Florence en Italie des reliques de la Sainte sui furent ensevelis dans une chapelle située à l'emplacement du vieux Nice actuel avant d'être déposées dans la cathédrale en 1690.

Au XVIIème siècle sa renommée est telle, qu'elle est choisie comme patronne de la ville et sa fête est célébrée avec beaucoup de ferveur le dimanche proche du 8 octobre.

DUNCAN

Hymne niçois

Viva, viva, Nissa,la Bella

Refrain
Toujou iéu canterai
Souta li tiéu cièl pur
E toujou griderai
En la miéu ritournella
Viva, viva, Nissa la Bella

1er couplet
O la miéu bella Nissa
Regina de li flou
Li tiéu vielhi taulissa
Iéu canterai toujou.
Canterai li mountagna
Lu tiéu tant ric decor
Li tiéu verdi campagna
Lou tiéu gran soulèu d'or

2ème couplet
Canti la capelina
La rosa e lou lilà
Lou Pouort e la Marina
Paioun, Mascouinà !
Canti la soufieta
Doun naisson li cansoun
Lou fus, la coulougneta,
La miéu bella Nanoun.

3ème couplet
Canti li nouostri gloria
L'antic e bèu calèn
Dou doungioun li vitoria
L'oudouo dou tiéu printemp !
Canti lou vielh Sincaire
Lou tiéu blanc drapèu
Pi lou brès de ma maire
Dou mounde lou plus bèu

https://www.youtube.com/watch?v=15oZvZtsYYw

Flashcode de l'office de tourisme de Nice

Les monuments ou bâtiments inscrits aux monuments historiques
font l'objet d'une mention dans leur présentation

Crédits photos :
Bernard JULIEN 2016-2017
Abbaye de Roseland et Château de Valrose : Google Maps
Carnaval : OCTN – A. Chalian

Printed in Great Britain
by Amazon

40605317R00119